Louise Michel

Prise
de possession

essai

ISBN : 978-1530032471

10 9 8 7 6 5 4 3 2 1

Louise Michel

Prise
de possession

essai

Table de Matières

Chapitre I

Un journal du 23 décembre 1888, à l'article *Visite des bouges*, s'étonnait que les gens préposés à cette visite eussent trouvé dans un des endroits qu'il plaît d'appeler bouges, une femme seule à une sorte de tribune, disant : l'anarchie c'est l'ordre par l'harmonie.

Il faut bien que la vérité monte des bouges, puisque d'en haut ne viennent que des mensonges.

Il faut bien que les déshérités, les hors la loi de la force cherchent le droit.

Les maux intolérables qu'ils souffrent depuis le commencement des sociétés humaines sont arrivés à une acuité si grande qu'ils ont résolu de s'en débarrasser comme on arrache un vêtement enflammé en laissant après des lambeaux de sa chair.

Ce n'est pas que les misérables n'aient bien des fois déjà tenté leur délivrance, mais c'était toujours dans une telle nuit d'ignorance qu'ils s'écrasaient dans les issues sans pouvoir sortir.

L'oiseau ne bâtit guère dans les mêmes conditions son nid une première fois brisé ; l'animal chassé, s'il échappe au piège ou aux chiens, n'est pas dupe une seconde fois. Les hommes seuls subissent éternellement les mêmes douleurs, n'ayant jamais voulu changer les conditions qui les produisent.

Il faudra bien qu'enfin le nid de l'humanité soit sur une branche solide, il faudra bien qu'on en change la base au lieu de perdre le temps à placer autrement les brins de paille.

La base ce sera la justice égalitaire au lieu de la force.

Ce n'est pas nous qui faisons ce nouvel ordre de choses, c'est l'heure, les circonstances s'entassent ; la lutte du désespoir, sans peur et sans merci, est maintenant raisonnée. Ce n'est plus le troupeau humain que la force comme un belluaire peut abattre ; c'est la jeune humanité se levant à l'aube toute prête à terrasser les monstres ; armée par la science de moyens invincibles.

Il faudra bien alors que des fructidors magnifiques et paisibles donnent à tous le grain qui germe aujourd'hui dans le sang des foules.

Savoir, vouloir, oser se taire, disait l'Égypte des sphynx ! Nous savons notre but, c'est la délivrance de tous, par tous, nous le voulons et nous l'oserons. Quant à nous taire, c'est là où nous différons des sphynx, car le plus haut possible nous le crions aux privilégiés pour qu'ils comprennent l'iniquité de l'ordre de choses qui les protège ; aux déshérités pour qu'ils se révoltent.

N'est-ce pas un crime d'attendre pendant que des millions d'êtres sont écrasés sous la meule de misère comme un froment humain, comme les grappes au pressoir ; c'est sous cette forme que le monde bourgeois mange son pain et boit son vin, il commence ainsi sous les deux espèces.

Considérons les choses de sang-froid : ceux qui ont vu des incendies de fermes savent que dans ces occasions on a beau chasser les chevaux affollés ; ils se plongent dans les flammes plutôt que de quitter l'écurie qui croule sur eux ; eh bien, une partie de la grande foule est ainsi.

Heureusement, on ne peut pas vivre les jours d'autrefois et le vieux monde, pareil aux arbres cent fois séculaires, va d'un instant à l'autre tomber en poussière.

Le pouvoir est mort, s'étant comme les scorpions tué lui-même ; le capital est une fiction, puisque sans le travail il ne peut exister, et ce n'est pas souffrir pour la République qu'il faut ; mais faire la République sociale.

Le malheureux père, qui donne ces jours-ci à son fils, un verre d'acide sulfurique pour un verre de vin blanc n'était pas coupable, l'enfant n'en périt pas moins, il en est de même de ce régime de grands chemins qu'on présente comme la République, on croit trouver la vie, c'est la mort. Il n'existe aucune différence entre un empire et tout gouvernement régi par les mêmes moyens, si ce n'est le titre et la quantité des souverains. Notre République a des rois par milliers.

Ce qui pourrait s'appeler *respublicæ* ce serait la chose de tous, l'humanité libre sur le monde libre.

Le travail mort, la misère, immense pour les peuples ; l'abondance et le bon plaisir pour les maîtres, tels sont dans le monde entier les gouvernements. Vous avez beau appeler cela de tous les noms possibles, ils ont les mêmes, ce sont donc des empires autrement habillés.

Nous aurions tort cependant de ne pas reconnaître combien est grande la logique des choses ; plus de préjugés sont tombés cette année que nous n'en avions vu disparaître pendant toute notre vie, — ce n'est pas que nous les avons détruits, ceux à qui profitent ces préjugés les ont tellement pressurés, ils en ont tellement fait des vaches à lait que les plus naïfs ouvrent les yeux — les cordes trop tirées cassent de toutes parts.

Peut-on encore parler du suffrage universel sans rire ? tous sont obligés de reconnaître que c'est une mauvaise arme ; que du reste le pouvoir en tient le manche, ce qui ne laisse guère aux bons électeurs que le choix des moyens pour être tonquinés ou endormis.

Quand Ataï fit révolter les tribus contre l'occupation française pour reprendre leur liberté, on les combattit avec des obusiers de montagnes, contre des sagaies (ce qui donna la victoire à ce qu'on appelle la civilisation) sur ce qu'il est convenu d'appeler la sauvagerie.

C'était très beau pour les Canaques, de se dresser contre l'artillerie moderne avec la sagaie, la fronde et quelques vieux fusils à pierre obtenus par de longues années de louage à Nouméa. Mais l'issue de la lutte ne pouvait être douteuse.

Eh bien, les bulletins de vote destinés à être emportés par le vent avec les promesses des candidats ne valent pas mieux que les sagaies contre les canons.

Pensez-vous, citoyens, que les gouvernants vous les laisseraient si vous pouviez vous en servir pour faire une révolution ?

Votre vote c'est la prière aux dieux sourds de toutes les mythologies, quelque chose comme le mugissement du bœuf flairant l'abattoir, il faudrait être bien niais pour y compter encore, de même qu'il ne faudrait pas être dégoûté pour garder des illusions sur le pouvoir, le voyant à l'œuvre il se dévoile tant mieux.

Après nous la fin du monde ! doivent se dire les tristes sires qui barbottent ensemble des pots-de-vin plus grands que la tonne de Heidelberg, — la fin de leur monde. Oui, — ce sera le commencement d'une cocène nouvelle.

Parlons des choses comme elles le méritent, est-ce que les lois qui ont la prétention d'aider au progrès ne l'enferment pas au contraire dans un cercle de fer, sans cela on ne s'en servirait pas.

Louise Michel

Est-ce qu'un gouvernement succédant à un autre, pris ainsi dans le même filet, renfermé comme un écureuil dans la même cage (dont avec plus ou moins d'activité il tourne la roue) peut faire autre chose que son devancier ?

Est-ce que la raison d'état ne le rend pas impuissant à tout autre chose qu'à sa propre conservation pour laquelle il sacrifie des millions d'hommes et tout ce qui en firent vivre des millions d'autres ? — On a des troupeaux, c'est pour les tondre et les égorger, il n'en est pas autrement du bétail humain.

La constitution que nos aïeux il y a cent ans ébauchèrent avec le même bois que leurs échafauds ; que les réactions d'après ont rétrécie faisait alors trembler les despotes comme un rugissement de lion. Ils se sont vite aperçus que ses lois servaient de cage au lion et ils se laissent rugir tant qu'il lui plaît, les barres de fer sont solides, la porte est bien verrouillée.

Les choses ont changé de nom, c'est tout ; la meule pèse aussi lourde, c'est elle qu'il faut briser afin que nul ne vienne plus la tourner pour moudre les multitudes.

Il y avait longtemps que les urnes s'engorgeaient et se dégorgeaient périodiquement sans qu'il fut possible de prouver d'une façon aussi incontestable que ces bouts de papier chargés disait-on de la volonté populaire et qu'on prétendait porter la foudre, ne portent rien du tout.

La volonté du peuple ! avec cela qu'on s'en soucie de la volonté du peuple !

Si elle gêne, on ne la suit pas ; voilà tout, on prétend qu'elle est contre la loi et s'il en existe aucune, on en fabrique ou on en démarque à volonté comme les écrivains sans imagination démarquent un chapitre de roman.

Le suffrage, dit universel, c'était le dernier espoir de ceux qui voulaient faire vivre encore la vieille société lépreuse, il n'a pu la sauver et la voilà la marâtre, la parricide étendue sur la table de dissection si putréfiée déjà qu'il faut enterrer le cadavre, autour duquel, semblables aux chœurs antiques gémissent ou vocifèrent toutes les douleurs qu'elle a causées.

N'y a-t-il pas assez longtemps que la finance et le pouvoir ont leurs noces d'or à l'avènement de chaque nouveau gouvernement ; c'est depuis toujours, tandis que lourds et mornes les jours s'entassent comme le sable sur les foules, plus exploitées plus misérables que les bêtes d'abattoir.

Chapitre II

Il est probable que dans l'enfance de l'humanité les premiers qui entourèrent un coin de terre cultivé par eux-mêmes, ne le firent que pour mettre à l'abri leur travail comme on range ses outils ; il y avait alors place pour tous, dans l'ignorance de tout, et la simplicité des besoins.

Aujourd'hui ce n'est pas son travail qu'on entoure de barrières mais le travail des autres ; ce n'est pas ce qu'on sème, mais ce que les autres ont semé depuis des milliers d'années qui sert à vivre somptueusement en ne faisant rien.

Si pourtant, en faisant quelque chose, n'est-ce point aujourd'hui le germinal de l'or ; c'est pour les finances le temps des semailles, les pourritures sociales sont fécondes, la moisson promet, elle est haute et touffue, heureusement elle n'ira pas dans les resserres de leurs accaparements, le raz de marée des foulespassera noyant les gerbes et les jetant sur la terre.

Comme l'anthropophagie a passé, passera le capital.

Là est le cœur du vampire, c'est là qu'il faut frapper.

C'est là comme dans la légende de Hongrie que le pieu doit être enfoncé aussi bien pour la délivrance de ceux qui possèdent que pour celle des déshérités, — on ne sera plus parricide pour prendre les souliers des morts.

De fête en fête, d'hécatombe en hécatombe, le capital miné par tous les crimes qu'il fait commettre, rongé par ses propres actions, n'a plus qu'à disparaître.

Le grotesque est venu, c'est Harpagon se volant lui-même, aussi bien que Chylot se payant de chair vive, le voilà enfin acculé comme un chien enragé devant la nécessité pour le travail de se préserver de la mort.

Il est tout surpris, le travail, s'apercevant que rien ne peut exister sans lui ; qu'ayant tout produit, toujours accablé de misère et de faim, il a, lui, un héritage réel, celui qu'il produit sans cesse qui est du reste celui de tout homme (il n'entre pas dans l'esprit communiste de refaire des privilèges et des castes).

La prise de possession par le travail, la science, les arts, de tout ce qui leur appartient, c'est-à-dire du sol pour le rendre fécond ; des machines qui multiplient la production et diminuent les heures de travail.

Des forces de la nature pour s'en servir ainsi que d'outils dociles et puissants.

Le capital livré à lui-même est stérile comme le roc de granit, Dieu moderne aussi illusoire que toutes les divinités pour lesquelles on a couvert la terre de ruines, on commence à le reconnaître aussi fictif que les cordons de poil de roussette qui servent de monnaie aux canaques.

Si les produits de l'industrie humaine, entassés à l'exposition, ont été d'un fructueux rapport pour les caisses déjà trop pleines, elle a eu cet immense avantage, de prouver combien les découvertes peuvent multiplier à l'infini les ressources de l'humanité ! la chose est simple et concluante.

Deux choses entre autres frappaient à cette exposition.

Dans la galerie des tableaux, le retour de chasse, c'est l'époque du renne ; plus loin, peut-être au fond des âges, le mâle a jeté à terre la proie saignante, il a sur le visage une seule chose, la force calme, la force à l'aurore du monde — la famille, peut être la tribut sont déjà nées, — la force ne sert encore qu'à rendre dans la rude nature la vie possible, il y a la chasse, surtout aux fauves sans doute, pas encore la guerre, les hommes ayant besoin les uns des autres — depuis la force a évolué, elle ne protège plus, elle écrase, c'est sa fin.

L'autre, la galerie des machines, il y en a de monstrueuses. Un bruit de ruches, on y entend tel que le feraient des abeilles d'airain, cela vous captive, vous attire presque entre les rouages des colosses.

Quel abîme entre les deux époques, les deux extrémités du cercle se joignent, un autre cycle va s'ouvrir et d'autres éternellement se dessinent et s'effacent pareils à ceux qui se forment quand on jette une pierre dans l'eau toujours de plus en plus larges.

Et, dans ce temps provisoire, enveloppée du linceul de la

chrysalide, l'humanité sent déjà poindre des sens nouveaux — et s'éteindre quelques-uns des anciens ; la personnalité, s'augmente des milliards de vie qui s'agitent autour de nous pareilles à la goutte d'eau qui tient à l'immensité des mers. La terre semble toute petite, on dirait que des autres sphères viennent des appels à l'internationale des mondes et nul souffle humain n'est plus dans le cœur ni sur les pages ; on vit en avant, sans se rendre compte, primates que nous sommes.

Les forces inconnues dont la cause nous échappe, quelque naturelle qu'elle soit, les erreurs de notre appréciation, les lenteurs du langage qui rêvent mal la pensée ; l'ignorance des découvertes prochaines, toutes ces choses nous entravent — il n'existe plus de mots pour rendre les choses qu'on voit poindre ; derniers d'une époque, nous faisons les semis, nous gâchons le mortier, d'autres bâtiront l'édifice et nous allons disparaître enveloppés avec tout ce qui fut vivant comme d'un suaire dont on ramène les coins sur le cadavre. Quand, sous le linceul des eaux, on retrouvera l'atlantide sombrée comme un navire, elle ne sera pas plus morte que nous ne le serons d'hier ou d'aujourd'hui une fois disparu, n'est-ce pas la même ombre.

Nous sommes le même spectre qui a vu les temps d'autrefois ; les hommes en mourant ressemblent aux molécules qui se renouvellent sans que le corps, l'humanité, s'en aperçoive.

La vie universelle commence à se découvrir ; l'attracteur qui attire le fer vers l'aimant, qui soutient les globes dans l'espace se fait sentir aussi aux groupes humains ; ils ont reconnu qu'ils n'y sont pas plus insensibles que tout dans la nature dont les lois se font connaître à mesure que les mensonges disparaissent.

L'attraction vers le progrès s'affirmera d'autant plus que le pain sera assuré, quelques heures de travail devenu attractif étant volontaire, suffiront pour produire plus qu'il n'est nécessaire à la consommation.

Chapitre III

Prise de possession est plus exact qu'expropriation, puisque expropriation impliquerait une exclusion des uns ou des autres, ce qui ne peut exister, le monde entier est à tous, chacun alors prendra ce qu'il lui faut. La terre au semeur, le marbre au statuaire, l'océan aux navires, ne sont-ce pas des vérités de La Palisse et on est obligé de reconnaître qu'elles ne sont pas encore comprises.

Ceux qui vivent de la bêtise humaine, la cultivent si largement qu'on se refuse de reconnaître des choses absolument élémentaires.

La propriété individuelle s'obstine à vivre malgré ses résultats anti-sociaux, les crimes qu'elle cause de toutes parts, crimes dont la centième partie seulement est connue, l'impossibilité de vivre plus longtemps rivés aux misères éternelles ; l'effondrement des sociétés financières, par les vols qu'elles commettent — la danse macabre des banques, les gaspillages des gouvernements affolés qui se feraient volontiers entourer chacun par une armée pour protéger les représentations propices et festins des hommes de proie, toutes ces turpitudes sont les derniers grincements de dents qui rient au nez des misérables.

Une seule grève générale pourrait terminer, elle se prépare sans autres meneurs que l'instinct de la vie — se révolter ou mourir pas d'autre alternative.

Cette première révolte de ceux qui ont toujours souffert, est semblable au suicide ; toute grève partielle peut être considérée ainsi ; patience ! elle se fera générale et elle n'aura pas de ressources, pas de caisses de secours, rien, puisque le bénéfice n'a jamais été pour les travailleurs — on sera donc porté à considérer comme butin de guerre la nourriture, le vêtement, l'abri indispensable à la vie.

N'est-ce pas butin de guerre en effet, plus que dans aucune guerre, dans la lutte sociale ?

Cette situation ne pourrait durer une fois commencée, tout le prolétariat s'y trouve acculé.

De plus en plus il devient nombreux, les petits et même quelques gros commerçants, ruinés par les grandes entreprises ; les petits employés, un nombre incalculable de ceux qui cachent leur misère traînant à la recherche d'un travail toujours fuyant l'habit noir râpé ; toutes ces vies, toutes ces intelligences qui ne veulent pas mourir, s'y mettront, à la grève générale. L'énergie du désespoir n'est jamais vaincue.

Lors même que les patrons croiraient reculer l'échéance en n'employant plus que des rouages de fer, renverraient tous les bras humains, cela ne les sauverait pas, — eux-mêmes sont traînés à la remorque des empereurs du capital comme ils traînent leurs esclaves.

Le fleuve de l'or a beau couler large chez eux, quelques uns s'en vont à la dérive et verraient sans désespoir leurs maisons devenir magasins généraux de la sociale, au lieu d'être la proie des grands voleurs.

La prise de possession, soit qu'il y ait lutte suprême autour de la bastille capitaliste, soit que l'intelligence humaine l'ait prise d'avance et que l'étape entière entre dans la place les portes ouvertes, — la prise de possession ne peut tarder pas plus que les jours de décembre, monter sur ceux de janvier.

Personne ne peut croire que les transformations des sociétés s'arrêtent à nous et que la plus illusoire des républiques, soit la fin du progrès. C'est l'anarchie communiste qui de toutes parts est à l'horizon, il faut la traverser pour aller plus loin ; on la traversera, le progrès, ne pouvant cesser de nous attirer : les multitudes, ne pouvant s'habituer à vivre sans pain, à dormir sans abri, eux et leurs petits, plus abandonnés que les chiens errants.

Les masses profondes ont un immense remous, elle vont battre en brèche tout le vieux monde.

En Allemagne, grève générale, peut-être l'avant garde de la Sociale.

L'Angleterre, la Belgique, tout se prend, c'est par cent mille que les grévistes se lèvent, bientôt ce sera davantage.

Les ouvriers du gaz à Londres, les porteurs de charbons, les typographes à Berne.

Le fleuve roule, rien ne l'arrête, la misère a levé les écluses.

Comme toujours il y a des inconscients qui crevant de faim comme les autres, viennent se mettre en place de ceux qui font grève, ils ont fait cela à Berne. Anglais, allemands surtout français, n'importe, c'est le temps ou d'un instant à l'autre les grèves de noires se font rouges. Vous savez la chanson ;

Le gaz est aussi de la fête,
Si vous résistez mes agneaux ;
Au beau milieu de la tempête,
Je fais éclater ses boyaux.

Chapitre IV

« Je trouvais, disait Walt Whitman, poète américain, le jour plus beau que tout le reste jusqu'à ce que j'aie contemple les beautés de tout ce qui existe ; je croyais que notre globe terrestre était assez, jusqu'à ce que se fussent élevées sans bruit autour de moi des myriades d'autres terres ; je vois maintenant que la vie ne peut tout me montrer de même que le jour ne le peut, je vois ce que me montrera la mort.

« Il ajoutait en terminant : ceci n'est pas un livre, quiconque le touche, touche un homme. »

Il était en effet, cet homme, un des premiers bourgeonnements de cette terre où vient de germer le nom de liberté, puisse-t-elle s'étendre comme les lianes des forêts vierges et croître enfin pour la délivrance, jamais encore, la liberté ; n'eut que des fleurs aussitôt arrachées.

Il avait raison de regarder à travers la mort, à travers la poussière et les décombres d'un monde enseveli que nous regardons les jours nouveaux.

Rien ne peut être bâti sur la ruine, c'est pourquoi nous applaudissons au chaos qui se fait des vieilles institutions.

Nous applaudissons aussi à l'éveil qui sonne.

Les États-Unis de l'Amérique du Nord ne sont pas sans écho.

La balle qui frappe une glace y fait une étoile ; le coup porté à un despotisme se propage ainsi.

Les bouleversements sociaux comme les tremblements de terre suivent une même ligne volcanique ; ils se propagent surtout par l'électricité de la pensée ainsi que par des fils conducteurs.

Les affinités de langues, de caractères, de circonstances, ramifient à travers l'espace et le temps.

Les races mêlées qui ont l'activité d'esprit des européens, le sauvage courage des indiens sont bien placées dans leurs grandes plaines pour se laisser aller au courant de la liberté.

Cette calme République du Brésil a les mêmes institutions que celle de 1848 en France, elle les secouera ; ce sont des défroques de nains que les rudes épaules des géants feront craquer.

La République du Brésil est le prologue des sociales unies d'Amérique, lesquelles auront pour écho les sociales unies d'Europe.

Chapitre V

Unis, le monde entier ne vous résisterait pas, disait Vercingétorix aux Gaulois.

Le temps des Gaules a passé, ainsi passe celui de France, et ceux qu'on opprime, ne sont pas unis. Ils ne s'unissent que pour tomber sur d'autres esclaves dont ils rapportent à leurs maîtres empereurs, roi du glaive autrefois, financiers aujourd'hui, les dépouilles sanglantes.

Allons les Bagaudes, les Jacques, vous qui portez le collier de misère aussi dur que le collier de fer des aïeux, c'est la veillée des armes, causons en attendant l'heure !

L'été, dans vos grandes plaines, monte âpre et pénétrante l'odeur des foins, coupés au soleil d'été ; des senteurs des champs se dégage, une sorte de rêve, le rêve de la liberté.

Si l'homme n'était l'esclave d'un autre homme la nature serait belle.

Belle même sous la neige d'hiver où elle s'endort, fatiguée des germinal et des fructidor de l'année.

Le travailleur, lui, ne peut dormir, il faut qu'il peine sans relâche pour que ses maîtres ne fassent rien ; les uns crèvent à la peine, les autres à l'engrais.

Entends-tu, paysan, ces souffles qui passent dans les vents ? ce sont les chansons de tes pères, les vieux bardits gaulois.

« Coule, coule sang du captif, rouge, la terre fleurira ; rouge comme les verveines, et le captif sera vengé. »

Pourtant depuis des mille et des cents ans, tous les fils de gaule et du monde, captifs du capital s'en vont aux égorgements ; sur eux dans les champs l'herbe pousse plus haute et plus touffue. Mais la délivrance ne vient pas, c'est que tu l'implores au lieu de la prendre.

Nul n'a le droit d'asservir les autres, celui qui prend sa liberté ne fait que reprendre ce qui lui appartient, le seul bien véritable.

Entre tous les maîtres de race latine, teutone, slave peu importe, existe l'alliance de la force, les dominateurs sont unis autant que sont divisés les esclaves.

Quand les troupeaux deviennent menaçants on les décime à l'abattoir des guerres.

L'animal humain comme le cheval de course, le taureau de combat subit en aveugle l'entraînement auquel son ignorance aussi profonde que celle de la bête et son imagination plus haute le livrent tout entier.

Et les mensonges de la politique, pareils aux ailes des vampires, bercent doucement les foules dont le sang les abreuve.

Les promesses fallacieuses miroitant aux yeux des meurt-de–faim ne pourront pas durer éternellement.

Un jour, peut-être proche, du fond du désespoir soufflera la révolte, est-ce par une grève générale, par une catastrophe, l'écroulement du pouvoir aussi bien que par le soulèvement des foules, qui sait ? On la sent proche, son haleine souffle sur nous froide comme la haine et la mort.

La haine du charnier ; des geôles, des lazarets où stupidement comme s'entassent les moutons en attendant le couteau, se tient l'humanité.

Veux-tu paysan cesser ta résignation éternelle et idiote ? laisse là ta charrue jusqu'à ce que la terre appartienne à l'homme et non aux vautours ; il y a des grains entassés pour des siècles, puisque tu meurs de faim, mange le blé de tes semailles, — sois tranquille cela ne détruira pas les moissons futures, que celui qui sème le grain mange du pain !

Refuse paysan, ton fils pour aller égorger les autres peuples, ta fille, pour les plaisirs des maîtres ou des valets ; apprends leur la révolte afin qu'ils aient enfin la sociale, la République du genre humain.

Refuse tes deniers pour payer les limiers qui te mordent, refuse tout, afin que vienne plus vite la grève dernière, la grève de misère.

Et toi compagnon, qui traîne en filant la comète par les nuits froides, les lambeaux de ta blouse de travail ou de ton habit noir loqueteux, qu'attends-tu pour prendre ta place de combat, n'espère ni ouvrage ni secours.

Gouvernants et financiers ont autre chose à faire que de s'occuper de toi.

S'ils eussent été intelligents, le peuple patient comme il l'est aurait reculé l'échéance.

Tant mieux, ce ne serait un bonheur pour personne, pas même pour eux. — On étouffe dans le coupe-gorge social et ceux, quels qu'ils soient, qui ont un cœur d'homme salueront la libre aurore du XXe siècle.

Toi qui ne possède rien, tu n'as que deux routes à choisir, être dupe ou fripon, rien entre les deux, rien au delà, pas plus qu'avant — rien que la révolte.

Est-ce que le vagabond n'est pas condamné parce qu'il n'a pas volé, serait-ce cela que tu attends camarade, ou espérais-tu passer dans l'illustre pègre ou on vole par millions, où tout est à vendre ; n'y a-t-il rien qui te dise c'est l'heure de l'éveil, et vous qui possédez la nuit du 4 Août ne vous tente-t-elle pas cette fois, elle serait mille fois plus grande et plus belle que celle des aïeux, elle prendrait le monde.

Le sens de l'acquisivité existe encore chez l'homme autant que chez la bête, mais il ne faut pas croire qu'il dure, de plus en plus, s'élargit l'intelligence. Les choses qu'on craignait s'élucident. Le jour se fait sur les choses éternellement incomprises. Le communisme commence à se dessiner, personne ne possède en propre le soleil qui l'éclaire, l'océan qu'il parcourt ; en jouit-il moins ? ainsi, toutes choses seront à tous sans être partagées. Cette transformation est imminente, les événements étant plus prompts qu'on ne les attend et le temps relativement court où les leçons de choses ont porté leurs fruits, demain peut-être, les fléaux qui s'ajoutent à nos misères feront déborder la coupe.

Louise Michel

Des épidémies venues soit de la misère profonde et noire, soit de leur source ordinaire, l'Asie, peut être du sang des hécatombes non encore séché emplissant l'air de miasmes mortels, peuvent par la désolation qu'elles répandent, accélérer la fin.

La peste comme la grève peut jeter le linceul sur le vieux monde.

Que les villes soient muettes, sans travail, sans lumière, sans vie par la grève générale, ou que la mort les couve sous ses ailes, la transformation ne se fera pas moins.

Ceux qui dorment sous les ponts dans leurs sordides guenilles ne seront pas la proie des pertes sans monter, ne fut-ce qu'une nuit aux Élysées, dormir leur dernier sommeil rêvant de la sociale, la marianne des aînés. Vous savez le refrain :

Va, va Marianne,
La torche à la main,
Sonne le tocsin.

Ce ne seraient pas les palais qui flamberaient mais les bouges infects et hideux afin que jamais plus, nul n'habite ces tanières indignes de l'humanité.

Toute éocène a sa période héroïque — les héros des légendes du temps qui va s'ouvrir, sont des peuples et non des hommes.

L'homme passe par des transformations semblables à celles des sociétés ; molécule de l'infini, il sent enfin qu'il est en rapport avec tout ce qui influe sur lui, astres, choses, êtres, et de plus en plus s'étend l'intelligence sans fin comme le progrès.

Nous parlions des légendes, elles sont plutôt l'âme de leurs époques qu'elles n'en sont l'histoire.

Notre décrépitude en a d'aussi féroces qu'on les puisse imaginer, elles ont le tort d'être vraies quoique parfaitement incroyables pour l'avenir.

En voici une toute chaude, toute chaude de sang.

Elle dira à ceux qui nous succéderont à quel point de cruauté nous sommes s'ils peuvent y ajouter foi.

Un chef de pirates, Doï-Van, devenu chef de partisans contre les envahisseurs, avait imaginé pour mieux vaincre l'ennemi, de l'étudier dans ses redoutes.

Chapitre V

Il feignit la soumission et sachant les forces de l'ennemi, il recommença le combat pour sa liberté, c'était un audacieux, un brave, il devait subir la défaite et la mort.

Traqué par les siens même, achetés ou affolés, il fut condamné à mort, l'exécution fut si horrible qu'elle fait douter si ce n'est pas une provocation.

Cela se passe au Tonkin, entreprise néfaste qu'on représentait naguère sous cette forme saisissante, un képi sur une tête de mort.

Le jeudi 9 novembre 1889, centenaire de la Révolution, le Doï-Van, condamné à mort par le tribunal mixte de Bac-Ninh, a fait, dans une cage, comme au temps de Louis XI, son entrée dans Hanoï, la cangue au cou, les bras entravés, et s'est attaché à une potence sur une plate-forme qui doit servir à la musique des régiments qu'il a dû subir, agenouillé, la face tournée du côté du lac, la longue lecture de la sentence en français et en anamite. On avait choisi pour cela un de ses ennemis.

Ses vêtements ôtés laissent à découvert les blessures qu'il a reçues dans la lutte contre les occupants de son pays, il lui faut subir le frottement sur son cou de la main du bourreau ; les trois coups de goug qui prolongent l'agonie.

Le calme de Doï-Van ne se dément pas : « fais vite ! » dit-il au bourreau.

La tête abattue est jetée en avant, souvent des sauvageries, un chien de chasse amené par des français, la ramasse ; détail qui ne serait pas déplacé chez les cannibales.

Le corps est jeté à l'eau, la tête reprise au chien, envoyée comme trophées, je ne sais où, et ce crime va commencer de nouvelles scènes de représailles jusqu'à ce que le Tonkin s'effondre sous les cadavres ou jusqu'à ce que le monde soit libre. — En avez-vous assez, de ces horreurs ? Voulez-vous, compagnons, le travail et le pain de toute une classe valent bien ce coup de collier.

Pourtant, si cela vous plaît, prolétaires du monde entier, restez comme vous êtes — peut-être que dans une dizaine de mille ans vous aurez réussi à hisser au pouvoir trois ou quatre des vôtres ; ce qui vous fait espérer une majorité socialiste dans vingt-cinq à trente mille ans.

Louise Michel

Mais à mesure qu'ils entrent dans cette caverne incrustative, tous sont revêtus de la même pétrification, peut-être aussi, camarades, la comédie parlementaire vous amuse, et pour peu qu'il vous plaise d'imiter le jeune Détulli, vous auriez une partie de ce qu'il fallait à la ruine de la décadence, les spectacles, quand au pain, n'y comptez pas.

Ne comptez pas non plus sur l'abri.

Par cinq cents à la fois, la rafle prend les traîne-misère qui se permettent de dormir sans toit ; leur silhouette hâve et maigre se dessine lugubrement et les bourgeois attardés, voyant passer les gens de mauvaise mine, hâtent le pas, assailli de terreurs, tandis que les escarpes et grinches de millions passent salués jusqu'à terre par bêtise humaine.

L'une chargé de reliques sera éternellement vrai.

Pourtant il existe des ressources mises à profit largement par les désespérés, dans la Seine profonde et large, on peut boire largement, on peut dormir sans crainte du réveil.

La prison aussi est ouverte, pas toujours cependant, certains ont bien de la peine à s'arranger pour y passer l'hiver.

Qu'y ferait-on de ceux qu'on ne craint pas ! La misère les a domptés, qu'ils crèvent où ils pourront, le pouvoir n'est pas atteint.

C'est l'hiver temps de fêtes pour ceux qui s'amusent, quant aux autres, la cloche de bois se balance muette, annonçant le réveillon de misère.

Le réveillon des loqueteux, des sans pain, de la ruche où les frôlons mangent le miel.

Qu'elle monte, qu'elle monte l'eau de la Seine en Océan ! qu'elle traîne des légions de spectres vers ceux qui les ont réduits à la mort, que la terre partout sue le sang dont elle est gorgée depuis toujours ; le sang des foules, qu'elle le rejette par tous les abîmes et que c'en soit fini pour toutes les iniquités passées en lois, toutes les sauvageries dites civilisation, tout ce qui rend entre eux les hommes pires que les bêtes farouches. Tocsins, tocsins sonnez la révolte !

Parfois, le paysan se lasse comme le bœuf de labour flairant l'abattoir, il devient terrible.

Chapitre V

Le troupeau alors se rue sur les bouchers ; ce sont les jacqueries.

Il y en eut de terribles dont les plus braves subirent des traitements si épouvantables que des représailles eurent lieu parfois à des siècles d'intervalle.

Un épisode de la jacquerie de 1513, en Hongrie, semble évoqué par le récit des cruautés qui viennent de signaler la mort de Doï-Van.

Les paysans, au nom de toutes leurs misères passées et présentes, s'étaient levés armés de torches et de feux. La révolte d'une poignée d'hommes déterminés durait depuis un an. Mieux vaut disaient-ils dormir sous la terre que d'y marcher sous le fouet.

Jean Vaïvode de Transylvanie rassembla des forces nombreuses, une armée cerna les Jacques, Georges, Dosa, et quarante des siens furent fait prisonniers, on les condamna à mourir de faim.

La force était largement développée par les exercices violents, la faim se faisait cruellement sentir, c'est pourquoi on choisissait cette mort comme la plus engoiseuse.

Au bout de cinq ou six jours, neuf des condamnés étaient encore vivants, quelques-uns avaient mordu leurs bras de leurs fortes dents blanches de paysans et s'abreuvaient de leur propre sang.

On leur promit de la nourriture pour le soir et en même temps, la mort de Georges Dosa, l'un des plus ardents instigateurs de la révolte, fut fixée pour le même soir.

Dans la grande salle du palais de Hongrie, éclairée aux flambeaux, était dressé un trône de fer rougi ; Georges fut amené le premier, on lui ordonna de s'asseoir ; n'était-ce pas lui qui avait appelé les autres à la révolte.

Fier comme s'il eut à la fois tous les courages de ceux qui se levaient pour la liberté, il s'assit en silence et nulle plainte ne trahit sa douleur.

Les bourreaux lui tendirent la couronne de fer rougie comme le trône, il la posa sur sa tête.

Les bourreaux tremblaient en lui tendant le sceptre de fer rougi qu'il prit également.

Alors on fit entrer les huit autres condamnés ; quelques-uns devenus fous de douleur marchaient sur les mains, chassés par les fouets des valets.

Le dernier, grand vieillard aux cheveux blancs se tenait debout, on pouvait compter les muscles et les os sous sa peau desséchée.

Le vieux marcha droit à Georges et posant les mains sur le trône brûlant, il commença d'une voix âpre la chanson des Jacques de Hongrie.

Les valets qui chargeaient à coups de fouets les moribonds pour les forcer à mordre la chair de leur camarade avaient peur de ce supplice muet, et de ce vieillard chantant à l'agonie le lever de l'ère de justice.

Les malices effrayés plus encore que les valets élevèrent leur férocité à la grandeur de leur effroi. Les paysans compromis dans la révolte, furent empalés, écorchés vifs ou attachés à des roues de moulins.

Mais plus terrible en est venu jusqu'à nous l'écho de la chanson des Jacques.

Les mioches ne sont pas plus heureux que les autres dans cette société de privilège et d'iniquité.

Tout le monde les aiment les petits, c'est peut-être simplement une mode.

La société aussi, la vieille gueuse aime les enfants à sa manière, à la façon des ogres flairant la chair fraîche ; tout petits, petits, elle les élève dans des couveuses chauffées avec autant de soin que pour des petits poulets à qui on doit couper la gorge ; c'est que ces mioches-là, ce sont les poulets des privilégiés.

Si les parents meurent, ou sont trop pauvres pour leur donner la becquée, ce sont eux qui la procureront la becquée aux juges, qui les condamneront, dès l'âge de huit ans, plus petits peut-être, et plus tard encore, ils seront condamnés parce qu'ils l'ont été une première fois.

D'autres sont placés par l'*Assistance* dans des fermes ou ailleurs.

Il y a les colonies agricoles des abbés Rousselle ou autres, toutes places faites pour développer l'enfance, n'est-ce pas ?

Quel travailleur peut se flatter de l'espoir que ses petits n'iront pas là ? Il arrive tant d'accidents avec le travail.

Ce que deviennent les petits des oiseaux quand le père et la mère ont péri. Vous savez la chanson :

  La femelle est morte,
Le mâle, un chat l'emporte
Et dévore ses os.

....

Qui veille au nid ? personne,
Pauvres petits oiseaux !

Par un matin d'avril plus glacé qu'une nuit de décembre, j'eus l'occasion de voir (une des *plus heureuses*) parmi les enfants abandonnés ; elle paraissait six ans à peine ; elle en avait dix à onze.

La petite poussait un troupeau d'oies à travers les grands chaumes qui la faisaient trébucher à chaque pas.

Vêtue d'une camisole trop courte et d'une jupe trop longue qu'elle oubliait de relever ; cette jupe était garnie, en bas, comme d'une large bande de velours par la bouc épaisse et blanche qui l'alourdissait. On eût dit un vêtement de brocart.

Avec une intelligence au-dessus de son âge, l'enfant se faisait aider par une douzaine d'oies, qui lui obéissaient gentiment avec des minauderies, des gracieusetés d'oies, tordant et détordant leur cou, ramant avec leurs pattes pour la suivre plus vite dans la poussière du chemin, et se balançant derrière elle comme des barques.

L'enfant était maigre, ses grands yeux noirs roulaient des larmes, et pourtant une sorte d'audace lui faisait lever la tête.

Ses regards s'attachaient avec douleur sur ses bêtes, seules amies qu'elle eût. Est-ce qu'on ne va pas les lui ravir pour les vendre ou pour les enfermer les pattes clouées dans des jarres, d'où elles la regarderont tristement le matin, comme pour lui demander de les emmener avec elle ?

Sans rien y pouvoir, elle les verra souffrir. Tu n'es pas au bout, ma petite ; tu en verras bien d'autres, et pour toi et pour des petits malheureux comme toi, quoique tu passes pour heureuse où tu es.

Regardons plus bas, c'est ici l'enfer du Dante ; plus bas toujours, plus bas, dans la douleur.

Tout au fond, c'est Sophie Grant. La mère est morte, le père est au bagne. L'enfant a déjà gagné rudement sa vie ; elle avait un abri alors, mais son maître fait faillite. La chance n'est pas grande pour les petits commerçants ; il faut bien que le grand commerce s'étale, n'est-ce pas ?

Voilà Sophie Grant dans la rue, comme tant et tant d'autres, mais elle ne veut pas être une marchandise, elle ne veut pas se vendre ; la société a quelque chose à lui offrir : la prison. Il n'y a pas d'autre asile pour les petites pauvresses qui se permettent d'être dégoûtées de ce que leur offre le banquet de la vie.

Les garçons, c'est encore plus simple : on les emploiera à tout ce qu'on voudra jusqu'à vingt et un ans ; alors, ils seront toujours bons à faire de la chair à canons.

Voilà, camarades, quelques-uns des mille périls qui attendent vos enfants, si la société, telle quelle est, vit plus que vous.

Je sais bien qu'au train dont on la mène, la vieille guimbarde qu'on appelle le char de l'État n'en a pas pour longtemps. C'est pourquoi les pires sont les meilleurs parmi les gouvernants ; ils font tomber dans quelque égout la guimbarde disloquée : c'est fini, et il n'est jamais trop tôt.

Les gens de finance, de justice, de pouvoir, qui barbottent les caisses et font les millions, ont cette qualité indéniable, c'est qu'ils découvrent cyniquement les plaies, les lèpres, les crimes de l'organisation sociale.

L'empire ne pouvait plus exister après Sedan ; toute autorité est impossible après les bandes d'hommes politiques qu'on voit à l'œuvre.

Chapitre VI

Comme le poète américain, nous attendons que dans l'ensevelissement du vieux monde germe la vie nouvelle.

Cette terre d'Amérique est à la fois le nouveau monde et le monde nouveau.

Les sept de Chicago y touchent Christophe Colomb.

Les légendes se mêlent, les transformations, aidées par la fécondité des plaines, par les souffles puissants des hautes montagnes, par la mer, qui leur donne son souffle immense, iront vite.

Que de ruines sur cette terre ! Le monde des Incas a sombré sur d'autres. Les symboles sont ceux de l'Atlantide mêlés à ceux de l'Inde.

Le Brésil au sol brûlant ne pouvait être insensible. Le signal a retenti pareil à un coup d'archet, et un peu plus tôt, un peu plus tard, suivant le rythme qui l'entraîne, chaque nation répond à l'appel de la liberté.

Les États-Unis du Brésil nous reportent à 48, à 89 peut-être, mais nous-mêmes sommes moins encore à la même époque. Soyez tranquilles, cela chauffe.

On entend déjà souffler la machine et les rails sont encombrés encore d'attardés qui s'obstinent à attendre là que l'avenir vienne à eux. Tant pis, la vapeur passera quand même.

Lors même qu'il resterait, dans quelque coin du monde, des hommes d'État plus bêtes et plus cruels que le roi de Dahomey, l'heure de la transférade sociale, qui ferme notre cycle et précède le nouveau, n'en est pas moins venue. Ce n'est pas parce qu'il resterait quelques feuilles mortes passant l'hiver qu'elles en sont moins mortes.

Le grain est à l'horizon, il grossit et bientôt lavera la terre, balayant finances, pouvoir, mascarades et mises en scène des mensonges séculaires.

En fomentant une guerre, dont les peuples ne veulent pas mais qu'ils sont capables encore de subir, de subir d'abord, de faire ensuite avec une furie de meutes, l'instinct sanguinaire de la bête s'étant réveillé, les maîtres du bétail humain pensent refaire à neuf la vieille société ; ils se trompent. Un certain nombre d'hommes tourneraient contre l'ennemi commun les armes qu'on leur aurait données pour s'égorger entre eux et rendraient par la révolte la délivrance générale.

Cette internationale spontanée de la lutte pourrait être la minorité : la routine, l'habitude de la discipline retiendraient beaucoup d'esclaves dans le troupeau. Mais n'est-ce pas toujours une minorité qui a essayé les révolutions ?

Elles se font même seules quand l'heure est venue.

Que ce soit la grève, la peste ou la guerre qui donne le coup d'épieu au vampire du capital, la prise de possession de tout par tous n'est pas moins faite. Les uns, las de souffrir, les autres, indignés, tous, amis et ennemis, — entendez-vous ? *ennemis* même, — tous n'ont rien à y perdre, tout à y gagner. La prise de possession de tout par tous n'est que la délivrance de tous, — la fin du vol éternellement commis par les privilégiés et stupidement accepté par les foules.

Puisqu'on agite le fantôme de la guerre, puisqu'on veut rajeunir dans un bain de sang le vieux monde déjà mort parlons de la guerre, et en attendant de publier les notes nouvelles sur le Tonkin, servons-nous de vieilles déjà ; puisqu'on s'occupe de l'Amérique, parlons de la sombre aventure du Mexique.

Au fond, comme toujours, étaient des questions financières, entre autres celle-ci : un capitaliste juif de Suisse avait prêté aux libéros mexicains une dizaine de millions ; ne fallait-il pas qu'il fût remboursé ?

D'un autre côté, François-Joseph s'était plaint à Bonaparte et à Victor-Emmanuel que son frère Maximilien, imbu d'idées libérales, pouvait mal tourner.

N'est-on pas rivé, dans ces familles-là, au métier de roi ? Ceux qui essaient de laisser là le boulet sont des gêneurs dont on se débarrasse comme on peut. Cela se fait de même dans les républiques bourgeoises. C'est la raison d'État.

Une bien belle chose que la raison d'État ! Plus muette et plus terrible que le bourreau, elle prend partout ses victimes.

Le jeune Maximilien, qui, en octobre 66, fut fusillé à Keretaro, après avoir été imposé par Bonaparte comme empereur du Mexique (il ne fait pas bon être imposé), est, lui aussi, une victime de la raison d'État.

Maximilien était brave ; illusionné par le titre d'Empereur, il crut être héroïque en déclarant qu'il voulait mourir souverain.

Charlotte l'aimait, elle le trouvait bien ainsi.

Jeunes tous deux, ils eurent les noces rouges, ces fils de rois, comme ceux de Chicago, les fils de la liberté. La mort délivra Maximilien du titre ridicule d'empereur,

Que de choses dans cette guerre. La terrible retraite de Puebla qui

Chapitre VI

n'en finissait pas.

La contre guérilla recrutée parmi les plus féroces de toutes les nations, armés d'une carabine et d'une corde qui, disaient-ils, pouvait servir plusieurs fois et leur épargnaient la poudre, ils économisaient les cartouches et multipliaient les cadavres aux arbres des routes.

Il y a cent ans, Abraham Lincoln voyait l'Amérique libre, ayant des vigies planant sur les eaux, — l'une en regard de l'Europe et de l'Afrique, l'autre de la Polynésie, — son rêve se réalise.

Et ce n'est pas seulement l'Amérique, mais le monde entier qui sera libre.

Ce n'est pas seulement la terre qui portera les villes superbes de la confédération humaine, il y en aura sous les eaux contenues dans des navires sous-marins grands comme des contrées, dans les airs voguant peut être de saisons en saisons.

Qui sait ce que seront ces villes du XXe siècle, ce que seront les hommes qui fouleront nos poussières, parlant une autre langue ou se retrouveront semés çà et là un peu de misérables diabètes vivant une autre vie toute d'intelligence de paix d'humanité.

Dites-nous camarades de toutes les ligues, est-ce que vous allez continuer ainsi, usant les urnes, le temps et l'argent, usant vos vices inutilement ?

Que vous ont fait ces autres camarades que vous cherchez à faire [entrer dans] le lazaret du Palais-Bourbon, pourquoi leur persuader qu'ils peuvent tout, ils ne peuvent rien que se pourrir comme les autres.

Lors même qu'ils arriveraient à mettre des pièces neuves sur les [trous] de la Constitution, vous savez bien que cela n'irait pas ensemble, les morceaux neufs arracheraient la guenille.

Comme il y a longtemps qu'on étouffe bêtement du même collier !

Chose étrange, parmi les plus étranges c'est le pouvoir et la force traités par Eschyle comme nous les traitons nous-mêmes.

La scène dans Prométhée s'ouvre sur une idée moderne, le pouvoir pressant le supplice de celui qui a doté les hommes du feu.

La force dans Eschyle est muette, le pouvoir est comme aujourd'hui impitoyable dans sa terreur.

« Frappe, dit-il à Vulcain, frappe encore, ne laisse rien de lâche dans les liens ; il est capable de se tirer des pas les plus difficiles..... Je vois un coupable justement puni, mais passe des sangles autour de ses reins !

« Cloue lui aux pieds des entraves qui pénètrent dans les chairs, n'oublie pas que ton ouvrage est sévère.

« La fermeté de Prométhée n'est pas moins grande que celle des Spres des poisons. »

Sommes-nous plus avancés qu'au temps d'Eschyle, non ! C'est le même principe, la force, seulement c'était alors le matin et c'est maintenant le soir ; le soleil se couche sur le pouvoir, sur la force, sur les misères éternelles.

Aujourd'hui encore, le charnier c'est la terre toute blonde d'épis toute pleine d'êtres subissant ou donnant la mort quand tout déborde de vie.

Oui c'est bien la même chose que toujours, mais c'est bien le soir.

Et sous le soleil de demain, les cris des misérables ne frapperont plus le ciel sourd, la révolte comme la tempête aura passé.

Personne au monde ne peut rien à dénouer la situation présente.

Personne mais tout c'est la fin.

Les urnes ont assez vomi de misères et de hontes.

Au vent les urnes, place à la sociale !

Le monde à l'humanité.

Le progrès sans fin et sans bornes.

L'égalité, l'harmonie universelle pour les hommes comme pour tout ce qui existe.

ISBN : 978-1530032471

www.ingramcontent.com/pod-product-compliance
Lightning Source LLC
Chambersburg PA
CBHW072028280526
45788CB00007B/2717